Un mapa para pasear

Francine Thompson

Los mapas son muy útiles.
Casi siempre los usamos en
los paseos.

¿Tienes tiempo para pasear?
¿Visitamos el parque?
Sí, pero con un mapa.

En el parque hay muchos animales. ¿Cómo sabemos dónde están?

¡Lo vemos en el mapa! Ahí vemos algunos animales. ¿Visitamos primero al bisonte? ¡Es fabuloso!

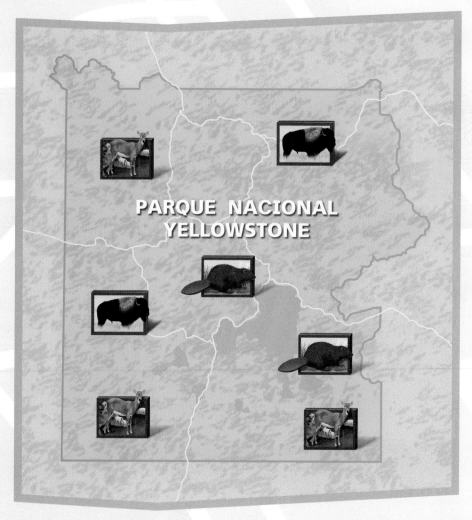

PARQUE NACIONAL
YELLOWSTONE

En el parque también hay sendas. ¿Cómo sabemos dónde están?

¡Todas están en el mapa! ¿Sabes qué hay al final de estas sendas?

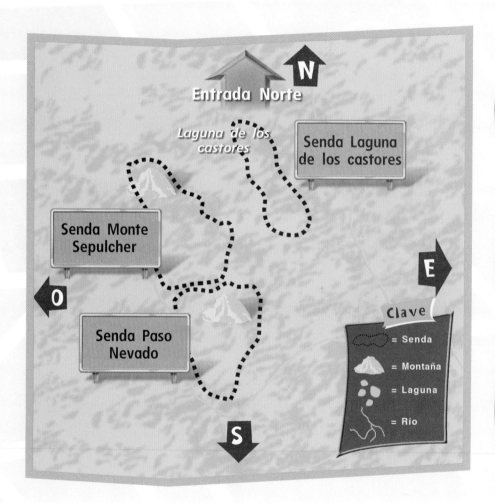

En el parque hay mesas.
¿Cómo sabemos dónde están?

¡Las vemos en el mapa!
Tengo filetes y bebidas en
la bolsa. ¿Vamos a comer?

Fuente termal
del Mamut

Torre Roosevelt

Salto de la Torre

Norris   Villa Cañón

Madison

Muelle de pesca

Villa Laguna

Puente de
la Bahía

Viejo fiel

Pulgar
al Oeste

Hoteles

Clave
= Zonas de descanso

PARQUE NACIONAL YELLOWSTONE

Ya hay que ir a casa.
¿Dónde está la salida? Sin
duda, está en el mapa.

Ya vimos la salida en el mapa. ¡Los mapas son fenomenales!

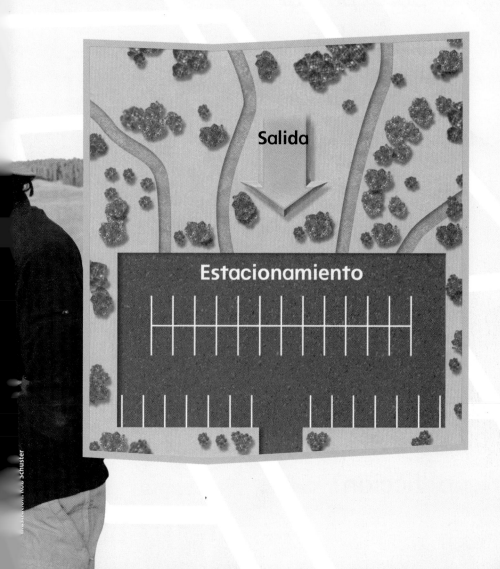

Salida

Estacionamiento

Respuesta a la
lectura

Volver a contar

Vuelve a contar *Un mapa para pasear* con tus palabras.

Tema principal		
Detalle	Detalle	Detalle

Evidencia en el texto

1. ¿Cuál es el tema principal del texto? Tema principal y detalles clave

2. Mira la página 7. ¿Qué muestra este mapa? Tema principal y detalles clave

3. ¿Cómo sabes que *Un mapa para pasear* es un texto de no ficción? Género

Compara los textos
¿Cómo se usa un mapa?

En el mapa

¡Vamos en autobús a la biblioteca! Está en la calle E. Mira el mapa. Ahí se ve dónde para el autobús.

Esta es la calle A. ¿Ves la calle E en el mapa? ¡Vamos!

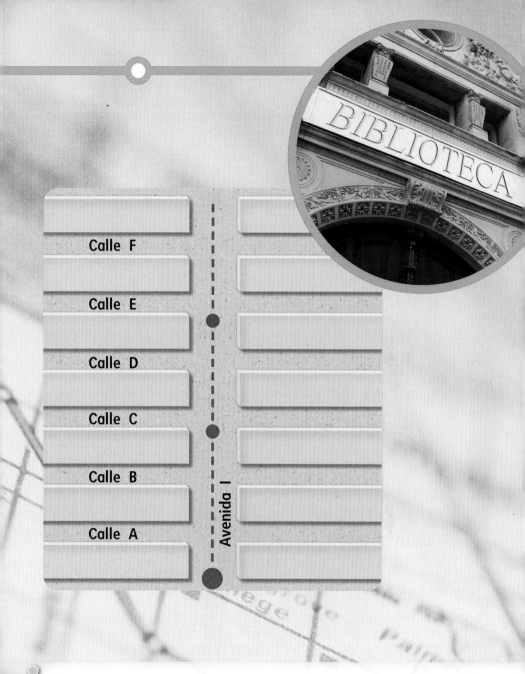

Calle F

Calle E

Calle D

Calle C

Calle B

Calle A

Avenida I

Haz conexiones

Mira ambas selecciones. ¿Qué información puedes encontrar en los mapas? El texto y otros textos

Enfoque:
Estudios Sociales

Propósito Hacer un mapa que muestre dónde están las cosas en tu salón de clases

Paso a paso

Paso 1 ▶ Observa tu salón. ¿Dónde está el pizarrón? ¿Dónde están las ventanas? ¿Dónde está la puerta?

Paso 2 ▶ Dibuja un mapa de tu salón. Rotula el pizarrón, las ventanas y la puerta.

Paso 3 ▶ Muestra tu mapa a tus compañeros.